CONSERVATEURS

ET

DÉMOCRATES

DEVANT L'EMPIRE.

Élections de 1863.

MARSEILLE

IMPRIMERIE ET TYPOGRAPHIE DE J. CLAPPIER,
Rue Saint-Ferréol, 27.

1863

CONSERVATEURS & DÉMOCRATES

DEVANT L'EMPIRE.

Elections de 1863.

Remontons quelque peu le courant historique. — Il ne s'agit que de onze ans environ. Or, c'était en 1852 !

Les conservateurs, amis de l'ordre plus que de la liberté, tout émerveillés du bonheur qui leur avait été si généreusement accordé par le Prince Président de la République, tendaient vers le rédempteur de l'ordre social leurs mains pleines de bénédictions enthousiastes.

Le monstre de l'anarchie, vaincu et terrassé, rentrait dans les ténèbres de la honte, et la

France des honnêtes gens se trouvait affranchie des menaces du Spectre Rouge.

La liberté des tribuns et des démagogues était hautement convaincue de son impuissance. Depuis Barbès jusqu'à Ledru-Rollin on se plaisait à faire l'énumération des modernes jacobins et des socialistes dont les folles théories auraient pu compromettre les institutions divines et humaines, et abimer dans un commun naufrage la Religion, la famille et surtout la propriété.

Grâce donc à l'élu de la Providence, le présent et l'avenir de la société étaient arrachés à ce péril dont la seule prévision remplissait d'alarmes et d'épouvante les timides citoyens qui ne voyaient de réelles garanties pour la stabilité que dans la disparition de la République.

Ils obtinrent, en effet, la réalisation de leurs vœux les plus fervents ; un gouvernement fort, supérieur aux criminelles tentatives de l'anarchie, fut inauguré sur les ruines mêmes des factions terrassées.

———

Ce n'est pas calomnier ni blesser les honnêtes

gens que de reproduire leurs affirmations avec
les couleurs de leur propre langage.

———

La main tutélaire de Louis-Napoléon Bona-
parte avait donc relevé le drapeau de l'ordre et
de la civilisation; le pays était racheté de l'op-
pression démagogique ; l'horizon dégagé du
point noir se montrait d'une splendide sérénité;
la France allait enfin respirer à pleins poumons
l'air vivifiant de la paix politique !

Rendons cette justice aux conservateurs; ils
ne furent point avares d'actions de grâces ;
rendons-la surtout aux bons Catholiques , ils
ne marchandèrent ni les *Vivat* ni les *Alleluia*.

La milice cléricale célébrait , à l'envi, les
vertus surhumaines de celui qui avait fait
reculer les flots impurs de la Révolution.

Depuis l'humble chapelle du dernier hameau
jusqu'à la somptueuse cathédrale de Paris , les
voix séraphiques des sacristains et des arche-
vêques entonnaient des chants d'allégresse et
de bénédiction catholique en l'honneur du héros
qui préservait les saints autels des insultes et des
agressions criminelles de l'impiété.

On épuisa toutes les formules de la jubilation

religieuse ; car il est vrai de dire que l'Eglise n'est pas ingrate ; elle a un fond inépuisable de dévouement et toujours disponible en faveur de ceux qui la défendent contre les révoltes de la raison et les perversités de la philosophie.

Entre toutes les villes de France, Marseille voulut se distinguer par une manifestation tout exceptionnelle de sa vive gratitude.

La municipalité fit inscrire en lettres d'or l'expression de ses sentiments. Elle crut devoir parler au nom de la cité entière ; elle fit briller au fronton de l'Arc-de-Triomphe cette légende qui est devenue un certificat historique :

A LOUIS-NAPOLÉON

MARSEILLE RECONNAISSANTE.

Il convient de dire que depuis lors, l'antique cité phocéenne transformée et rajeunie par la sollicitude du Gouvernement Impérial, a contracté de sérieuses obligations envers celui qui eut l'honneur de mériter cette attestation monumentale.

Il serait superflu de les rappeler à la mémoire de ceux qui sont les bénéficiaires de tant de réformes et de tant de merveilleuses créations.

———

Mais la reconnaissance si fortement exprimée en 1852 ne doit-elle s'attacher qu'aux actes réparateurs de l'ordre, et à la seule défaite de l'anarchie révolutionnaire?

L'Empereur des Français serait-il moins grand et moins digne de gratitude aux yeux des conservateurs et des ultramontains pour avoir entrepris la délivrance de la nationalité italienne?

L'histoire se montrera-t-elle moins favorable et moins juste envers le défenseur victorieux de l'indépendance péninsulaire qu'envers le restaurateur de l'ordre social?

L'histoire ne tiendra-t-elle, non plus, aucun compte à Napoléon III de l'amnistie par laquelle il a cicatrisé les plaies de nos discordes civiles?

Quoiqu'il en soit, et en attendant les arrêts de l'avenir, certains démocrates que n'égarent point de captieuses insinuations, n'ont-ils pas le droit de se demander, au moins à eux-mêmes, le secret motif de cette opposition omnicolore organisée par les conservateurs mécontents en 1863 ?

L'Empire serait-il doué d'une vitalité trop grande aux yeux de ceux qui l'ont vu avec tant de bonheur, se fonder et s'établir sur les ruines de la République, objet de toute leur aversion ?

L'excès de sa durée pourrait-il déjouer les calculs et irriter l'impatience des Hébreux politiques et des Théocrates qui attendent le messie d'une restauration plus ou moins fusionniste ?

La dynastie napoléonienne se serait-elle affirmée avec trop d'énergie et d'habileté contre certaines prétentions antagonistes ?

Faut-il lui reprocher, comme un tort, d'avoir cimenté son alliance avec les masses populaires en choisissant pour bases et pour conditions de sa durée les principes de la civilisation moderne?

En réalisant les idées les plus rationnelles et les plus fécondes de 1789, pourquoi cherche-t-elle à relever les classes laborieuses de ce servage matériel et de cette clientèle morale qui garantissaient un prolétariat héréditaire aux exploiteurs des privilèges nobiliaires et du monopole censitaire ?

Mais ce qui a lieu de surprendre les conservateurs de 1852, c'est que de *prétendus* démocrates ont osé manifester leur adhésion aux idées progressistes de l'Empire.

Qu'importe à ces démocrates *autoritaires* si les conservateurs satisfaits de 1852 ont témoigné leur reconnaissance à leur sauveur politique et social !

Il faut bien en convenir : les anarchistes d'alors, aujourd'hui autoritaires, sont mal venus d'invoquer l'exemple qui leur a été donné par les conservateurs eux-mêmes, quand les conservateurs ne sont plus contents ni satisfaits.

Les conservateurs sont seuls juges de leur conduite ! Les *enfants perdus de la démocratie* n'ont pas à s'enquérir de menus détails qui ne les concernent pas !

Si l'opposition antagoniste des conservateurs est une inconséquence après l'affirmation de leur gratitude ; si le vote de 1863 est la négation de l'inscription monumentale de 1852, les démocrates n'ont pas qualité pour agiter et encore moins pour résoudre pareille question.

Un seul fait est constant; un seul fait est positif : quand les conservateurs, reconnaissants en 1852, sont fatigués du poids de la reconnaissance, ils chantent tous les refrains de la Liberté, et les démocrates doivent faire *chorus* à peine d'être déclarés traîtres et félons.

———

Et maintenant rendons grâces aux élections de 1863.

Elles ont fourni l'heureuse occasion de reconnaître les vrais et les faux démocrates!

Question importante dont la solution trop longtemps ajournée, aurait maintenu dans les esprits une erreur bien regrettable, sans doute.

Désormais il ne sera plus permis de se tromper sur la probité civique de ceux qui, jusqu'à ce jour, ont fait profession ouverte de démocratie!

Il s'agit purement et simplement de savoir pour qui et pour quoi l'on aura voté dans les fameuses journées du 31 mai et du 1er juin.

Est-ce pour M. Berryer, l'illustre défenseur du droit divin?

En ce cas, et par le temps qui court d'opposition omnicolore, vous avez bien mérité de ceux qui, en 1852, aspiraient à l'honneur de délivrer la France des éléments impurs de 1848!

Les zélateurs du Coup d'Etat se sont épris d'une belle passion pour la Liberté, et les brevets de civisme ne sont plus délivrés que par les agents de la fusion clérico-monarchiste.

C'est bien! cher disciple de Robespierre, Jacobin vertueux, vous êtes un sans-culotte à l'épreuve ; on sait, dès à présent, que vous tenez d'une main ferme et incorruptible le drapeau de 1793.

La fusion est contente de vous ; elle est trop heureuse de vous adresser ses plus loyales félicitations : veuillez agréer, avec l'expression de sa sincère reconnaissance, le brevet de haute indépendance qu'elle vous offre avec la garantie des journaux ultramontains.

Vous avez, quoique mécréant, étonné le monde électoral par un miracle impossible à tous les saints du calendrier.

C'est par votre intervention que le parti légitimiste a pu dissimuler son impuissance numérique ;

C'est à vous que les coryphées du droit divin doivent le triomphe de leur illustre candidat dont les bulletins auraient laissé l'urne bien légère si elle n'avait reçu que des votes royalistes.

Incorruptibles héritiers des traditions révolutionaires, vous avez fait remonter l'avocat de Frosdorf au capitole des orateurs-burgraves ; fasse le dieu protecteur de la Liberté que, à propos de la question romaine, l'éloquence de M. Berryer ne vous précipite bientôt de la Roche Tarpéienne aux gémonies des éminences rouges !

Et vous, pour qui avez-vous voté ?

J'ai accordé mon suffrage à M. Lagarde, candidat libéral du gouvernement ! Ah, malheureux ! citoyen pervers, démocrate dégénéré ! Vous êtes perdu, à tout jamais, dans l'estime des Indépendants !

Vous avez appuyé le candidat du GOUVERNEMENT ! Vous êtes anathème ! Il n'y a plus d'hommes libres, à cette heure, il n'y a plus de démocrates que les auxiliaires électoraux des bonnes *Gazettes* !

M. Lagarde est un grand coupable aux yeux de l'opposition fusionniste.

Entre autres griefs, il a ménagé à l'Empereur la surprise d'une fête par -trop somptueuse ; fallait-il dépenser tant d'argent pour honorer le Chef de l'Etat qui aurait dû se borner à lire l'inscription sentimentale des conservateurs, mécontents depuis la campagne d'Italie.

Si l'Empereur avait combattu Victor-Emmanuel au profit de François II, les cléricaux eux-mêmes auraient vidé leurs caisses opulentes pour glorifier le protecteur du Bourbon Italien.

———

Un dernier mot, s'il vous plaît, Messieurs les grands pontifes de la Liberté en 1863, vous qui ne fûtes par COURTISANS FLATTEURS, ni DÉMOCRATES AUTORITAIRES, en 1852.

Vous avez dit la vérité ou vous avez menti en 1852 en confiant à la pierre monumentale l'expression de votre gratitude conservatrice!

Dans le premier cas, vos reproches aux démocrates sont impertinents autant qu'absurdes en 1863.

Dans l'hypothèse d'une inscription mensongèrement adressée à la crédulité du peuple et du Souverain : ayez donc le courage d'en demander la radiation !

Conservateurs mécontents, ayez donc la franchise de conseiller à vos amis de se démettre de toutes les fonctions qu'ils occupent dans les diverses régions du gouvernement Impérial ! Alors, mais alors seulement, vous aurez le droit de parler de prétendus démocrates, et de démocrates officieux.

H. BONDILH.

20 Juillet 1863.

MARSEILLE. — Imprimerie de Jh CLAPPIER, rue St-Ferréol, 27.